Un vistazo a las arañas

Las arañas saltadoras

por Jenna Lee Gleisner

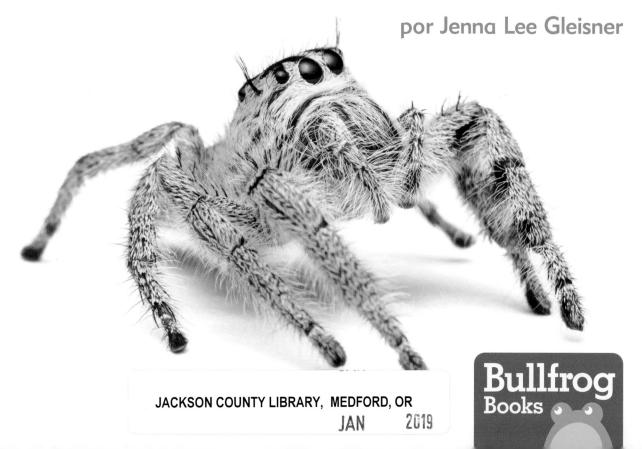

Bullfrog
Books

Ideas para los padres y maestros

Bullfrog Books permite que los niños practiquen la lectura de textos informativos desde un nivel principiante. Las repeticiones, palabras conocidas y descripciones en las imágenes ayudan a los lectores principiantes.

Antes de leer
- Hablen acerca de las fotografías. ¿Qué representan para ellos?
- Consulten juntos el glosario con fotografías. Lean las palabras y hablen acerca de ellas.

Durante la lectura
- Hojeen el libro y observen las fotografías. Deje que el niño haga preguntas. Muéstrele las descripciones en las imágenes.
- Léale el libro al niño o deje que él o ella lo lea independientemente.

Después de leer
- Anime al estudiante a que piense más. Pregúntele: ¿Has visto alguna vez una araña saltadora? ¿Qué más te gustaría saber sobre ellas?

Bullfrog Books are published by Jump!
5357 Penn Avenue South
Minneapolis, MN 55419
www.jumplibrary.com

Library of Congress Cataloging-in-Publication Data is available at www.loc.gov or upon request from the publisher.

ISBN: 978-1-64128-056-3 (hardcover)
ISBN: 978-1-64128-057-0 (ebook)

Editor: Kristine Spanier
Book Designer: Molly Ballanger
Translator: Annette Granat

Photo Credits: Shark _ 749/Shutterstock, cover; Zety Akhzar/Shutterstock, 1; D. Kucharski K. Kucharska/Shutterstock, 3; SANDIREN/Shutterstock, 4; David West/Dreamstime, 5; Kim Taylor/Nature Picture Library/Getty, 6–7, 20–21, 23bl, 23tr; YoONSpY/Shutterstock, 8–9; Brad Sharp/age fotostock, 10, 23ml; Phisit Phochiangrak/Dreamstime, 11; Agustin Esmoris/Minden Pictures/Superstock, 12–13; Cornel Constantin/Shutterstock, 14–15; Barcroft Media/Getty, 16; John Serrao/Science Source, 17, 23tl; Simon Shim/Shutterstock, 18–19, 23mr; Drakuliren/Shutterstock, 20; KangGod/Shutterstock, 22; magnetix/Shutterstock, 23br; blewulis/iStock, 24.

Printed in the United States of America at Corporate Graphics in North Mankato, Minnesota.

Tabla de contenido

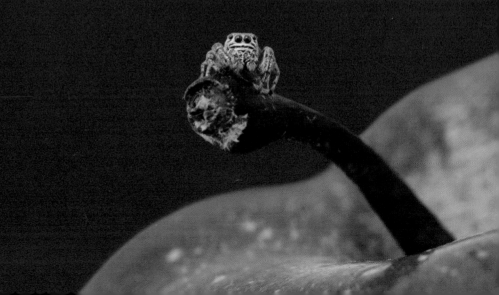

El salto sobre la presa

Una araña saltadora
se esconde.

Ella observa.

¡Salta!

Se lanza sobre su presa.

5

Estas arañas no
necesitan telarañas.

Pueden saltar lejos.

Las arañas saltadoras
son pequeñas.

¡Se mueven
rápidamente!

Pueden moverse
de lado a lado.

Algunas son
de color canela.

Otras son negras.

Tienen marcas.

marca

¡Esta es verde!

Les gusta la luz del sol.

¿Por qué?

Les ayuda a ver mejor.

¿Ves sus ojos?
¡Tiene ocho!

ojos

Esta araña saltadora baila.
Muestra sus colores. ¿Por qué?

Quiere atención.
¿Lo nota la hembra?

17

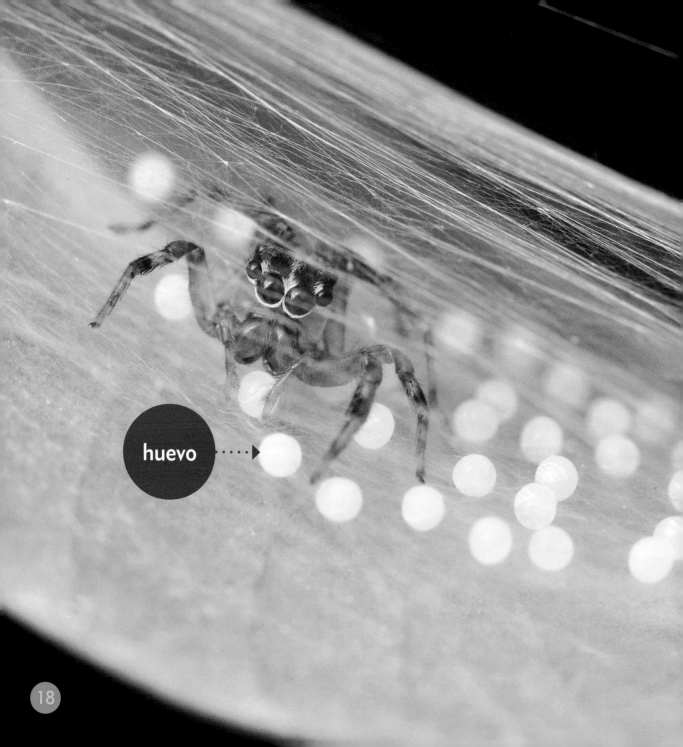

huevo

seda

Las arañas saltadoras hacen seda.

¿Por qué?

Para mantener sus huevos seguros.

¡Oh, no!

¡Un pájaro hambriento!

La araña salta hacia
un lugar seguro.

¿En qué parte del mundo?

Hay muchos tipos de arañas saltadoras. Ellas prefieren lugares cálidos o tropicales. Pero pueden vivir en cualquier parte del mundo, excepto en Antártica.

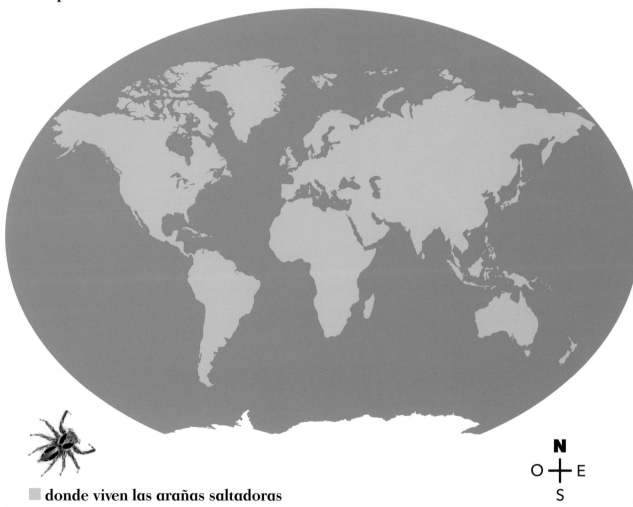

■ donde viven las arañas saltadoras

N
O ┼ E
S

Glosario con fotografías

atención
Concentración
en una cosa.

seda
Fibras finas
que las arañas
hacen para tejer
sus telarañas
o sus nidos.

marcas
Manchas
o patrones.

se lanza
Salta y agarra
algo de repente.

presa
Un animal que
es cazado por
otro animal en
busca de comida.

telarañas
Redes finas que
las arañas hacen
con seda para
atrapar a su presa.

Índice

Para aprender más

Aprender más es tan fácil como 1, 2, 3.

1) Visite www.factsurfer.com

2) Escriba "lasarañassaltadoras" en el espacio de búsqueda.

3) Haga clic donde dice "Surf" para obtener una lista de sitios web.

Con factsurfer.com, más información está a solo un clic de distancia.